नजरिया

नादिया अशरफी

क्रम-सूची

प्रस्तावना

मैं उन सभी के लिए बहुत ज्यादा आभारी हूं
जिन्होंने इस पुस्तक को समय पर प्रभावी ढंग से
पूरा करने के लिए मेरी मदद की।
    यह पुस्तक वास्तविक घटना पर आधारित है
और इसमें प्रयोग किए गए सारे नाम काल्पनिक है।
इस पुस्तक का मकसद किसी भी जाति धर्म
मजहब और समुदाय को ठेस पहुंचाना नहीं है।

उम्मीद है की पाठकगण को ये पुस्तक पसंद आए।

|| धन्यवाद ||

भूमिका

नादिया पटना बिहार की एक युवा रचनाकार है जो अपने जज्बातों को शब्दों में पिरोकर उसे एक मुक्कमल कविता का रूप देती है। उनके लेखन में जज़्बात की सच्चाई,सामाजिक विशेषताएं और विडंबनाए स्पष्ट रूप से दृष्टिगोचर होती है।

किसी भी अच्छी कवि और लेखक की तरह नादिया के पास तीसरी आंख है जिसकी वजह से वो ऐसा दृश्य रचती है जो अदभुत और मासूमियत से लबरेज होते है। संवेदना बोध और सूक्ष्म लेखनशैली के कारण वो पाठको में लोकप्रिय है।

नजरिया

वो आखिरी मुलाकात और जहन में ढेरों बात लेकिन माहौल इतना खामोश की सामने वाले की दिल की धड़कन तक साफ सुनाई दे।

कार के फ्रंट सीट पे वो बैठी लड़की जिसके मन में बहुत सवाल और दिल में हजारों बात लेकिन सवाल ये है की इतने सवाल के होने के बावजूद माहौल इतना शांत क्यों था क्यों वो एक भी सवाल नही कर रही थी। बस खिड़की से बाहर तकती जा रही है कार में बजता वो लता मंगेशकर का गाना लग जा गले सुनकर ही वो हमेशा से गुनगुनाने लगती थी लेकिन आज वो गाना भी गुनगुना नही रही थी शायद दिल पे कोई ज़ख्म गहरा लगा था।

आँखें नम हो चुकी थी इस हद तक की उसे छिपाने के लिए उसे बाहर देख कहना पड़ा खिड़की ऊपर कर लो धूल आ रहा हैं। आंखों में धूल चला जाए तो आंखों से पानी आ जाता है मगर वही धूल अगर दिल पे पड़ जाए तो सामने वाला सामने होकर भी सामने नहीं लगता। मीरा के इस बात पे वो चुप कहां बैठ सकता था उसने भी एक तंजिया मुस्कुराहट चेहरे पे सजाएं कहा तुम्हारी आंखों में ये पानी तो दो पल का है खिड़की ऊपर करते ही साफ हो जाएगा लेकिन तुम्हारे दिए हुए धोखे से मेरा आंख हर वक्त नम रहेगा। खैर अब इन सब बातों में क्या रखा है जिस काम के लिए आई हो करो और चली जाओ। आरव ने मीरा की तरफ डाइवोर्स पेपर बढ़ाया और कहा लो सिग्नेचर कर दो मैंने कर दिया है। ये कहते हुए उसने गाड़ी राज के घर के पास रोक दिया और कहा लो तुम्हारी मंजिल आ गई। ये वही मंजिल है ना जिसकी वजह से तुम्हे मुझसे धोखा करना पड़ा जाओ आबाद करो अपनी जिंदगी दूसरे को बर्बाद कर के मैं आज के बाद कही नहीं दिखूंगा। मीरा क्या बोलती उसको जो बोलना था वो उस रात बोल चुकी थी लेकिन आरव ने जब उस दिन नहीं सुना तो आज क्या सुनेगा बस यही सोच कर वही उतर गई।

उसके उतरते ही गाड़ी इतनी तेज रफ्तार में चली गई की वो जाते देख

रही थी और अचानक से गाड़ी आंख के सामने से ओझल हो गई बहुत देर तक वो वहां खड़ी रही इस इंतजार में की शायद आरव आएगा गुस्सा शांत होने पे लेकिन वो नहीं आया।

****

एक हसीन शाम कब गमगीन हो गई पता ही नहीं चला या यूं कहा जा सकता है एक गलतफहमी ने जैसे सब बर्बाद कर दिया हो,

आइए आप और हम चलते है उस रात की ओर जिस रात एक गलतफहमी ने मीरा और आरव के रिश्ते को इस मकाम पे ला खड़ा कर दिया कि डाइवोर्स लेने तक की नौबत आ गई।

सुनो आरव आज ऑफिस से जल्दी आना तुम्हारे लिए एक सरप्राइज़ है।मीरा ने ये कहते हुए फोन रख दिया और फिर राज को कॉल करके उसने बुला लिया डेकोरेशन में हेल्प करने के लिए। और उसे भी यही कहा एक सरप्राइज़ पार्टी अरेंज करना है आरव के लिए तुम भी आओ ये कह कर उसने बाय बोलते ही फोन रख दिया। राज मीरा का सबसे खास और करीबी दोस्त था जब आरव और मीरा ने घर वालों के खिलाफ जाकर शादी की थी तब से वो मीरा के साथ ही था वो कहते है ना दोस्ती कभी नही छूटती आप चाहे गलत करे या सही इसलिए मीरा का वो हर चीज में साथ देता एक अच्छे और सच्चे दोस्त कि तरह लेकिन आरव को शुरू से ही मीरा और राज की दोस्ती पसंद नही थी पता नही क्यों लेकिन राज उसके नजर में हमेशा खटकता था इसकी वजह ये थी की वो मीरा को लेकर हमेशा से इनसिक्योर रहता था क्योंकि मीरा बहुत ज्यादा ही खूबसूरत थी और एक ओपन माइंडेड लड़की वो ऐसी थी जिसे हर कोई पसंद करता था उसका मिजाज बोलने का तरीका सब चीज खूबसूरत था। और मीरा और राज की करीबी इसी वजह से उसे पसंद नही आती थी। उसे लगता था की वो खूबसूरत है उसे हर कोई पसंद करता है कोई उससे उसकी मीरा को चुरा लेगा लेकिन आरव ने कभी मीरा के आंखों में वो प्यार नही देखा जो सिर्फ आरव के लिए ही था वो जैसे उसे देखती थी उसकी परवाह करती थी यहां तक की उसने अपना परिवार भी छोड़ दिया सिर्फ आरव का साथ देने के लिए।

बेल बजने की आवाज आई और मीरा गेट खोलने चली गई गेट पे राज था मीरा गेट खोलते ही बोलती है अच्छा हुआ तुम आरव से पहले आ गए चलो अब मेरी मदद कर दो जल्दी से तभी राज बोलता है बताओ ना आखिर बात क्या है किस चीज का सरप्राइज है ये मीरा उसका बात काटते हुए बोलती है अरे बाबा थोड़ा सा सब्र कर लो थोड़ी देर में पता लग जायेगा।

लेकिन उसको क्या पता था थोड़ी देर में सब कुछ बदल जाएगा।

मीरा कुर्सी पे खड़े होकर लाइट्स लगा रही थी अचानक से कुर्सी गिरने वाली ही होती है की राज झटके में आकर संभाल लेता हैं और संभालने में राज का हाथ मीरा के कमर पर चला जाता है।अचानक से उसी दरमिया गेट से आरव आता है और मीरा और राज को वैसे देख कर वो चौंक जाता है। और कहता वाह यही सरप्राईज था तुम्हारा वाह बहुत खूब हसबैंड के पीठ पीछे तुम यही करती हो।

राज ने जल्दी से हाथ हटा लिया और बोलने लगा तुम गलत समझ रहे आरव वो गिरने वाली थी तभी मैने उसे बचाया और अचानक से तुम आ गए और अब गलत समझ रहे आरव ने एक तंजिया हसीं के साथ कहां रहने दो जो मुझे देखना था मैंने सब देख लिया।

आरव ऐसा कुछ नही है जैसा तुम समझ रहे हो मीरा का ये बोलना जैसे आरव को और गुस्सा दिला गया वो बोलने लगा चुप हो जाओ तुम जो लड़की अपने बाप की नही हुई वो मेरी क्या होगी ।तुम चली जाओ अब यहां लौट कर कभी मत आना नफरत है मुझे तुमसे तुम ऐसा करोगी मैंने सोचा भी नही था।तुमने तो मेरा मान ही तोड़ दिया उसका एक एक लफ्ज़ मीरा के दिल में चुभ रहा था वो अपनी घनेरी पलकों से आंसू पोछते हुए लागतार कह रही थी मेरा यकीन करो तुम्हे गलतफहमी हुई है हमारे दरमियां ऐसा कुछ नही है जैसा तुम समझ रहे मीरा के इतना बोलने के बावजूद आरव पे जैसे उसकी अंसूओ का असर तक नहीं हो रहा था आरव मानने को तैयार ही नहीं था,

की उसे गलतफहमी हुई है और ना वो राज और मीरा की बातें सुन रहा था बस गुस्से में जो मन में आ रहा था बोले चला जा रहा था।मीरा ने रोते रोते कहा आरव तुम गलत समझ रहे गुस्सा में हो इसलिए ऐसे बोल रहे

तुम शांत हो जाओ और शांति से समझो बात। आरव का गुस्सा था की शांत होने का नाम ही नही ले रहा था वो गुस्से में बोलने लगा तुम निकल जाओ मेरे घर से मैं तुम्हे अभी इसी वक्त डाइवोर्स देता हूं। मीरा और राज दोनो चौंक कर आरव की ओर देखते है इतना समझाती है मीरा लेकिन आरव था की समझने का नाम ही नही ले रहा था।

उसने मीरा का हाथ पकड़ा और उसे घर से निकाल दिया बिना ये सोचे की उसका कोई नही आरव के अलावा क्योंकि दोनो ने लव मैरिज कि

और मीरा ने अपने पूरे फैमिली के खिलाफ जाकर शादी की थी उस दिन के बाद आज तक मीरा के घर वाले उससे नही मिले। उन्होंने मीरा को घर से ही निकाल दिया था। दरवाजे पे खड़ी मीरा की हालत बहुत खराब हो चुकी थी उसके पैर के नीचे से मानो जमीन ही निकल गई हो वो बेसुध वही खड़ी दरवाजे को तक रही थी। राज ने कहा चलो मीरा इतनी रात गए तुम्हारा यहां खड़े रहना ठीक नहीं लेकिन मीरा ने राज की बात नहीं मानी और गुस्से में उसे जाने को कह दिया और उसने गुस्से में ये तक कह दिया अब मुझे कभी मत दिखना।

राज भी उदास होकर चला जाता है।

सुबह जैसे ही आरव उठता हैऔर जैसे ही फोन उठाता है राज का दस से भी ज्यादा बार कॉल आ चुका होता है।

वो गुस्से में कॉल बैक कर कहता है मुझे तुमसे और उस लड़की से कोई मतलब नहीं है आइंदा कॉल मत करना राज गुस्से में चिल्ला कर बोलता है तुम्हे पता है आखिर वो लड़की इतनी रात को कहां गई और अभी कहां है किस हाल में है कैसे इंसान हो तुम आरव ये सब सुनकर गुस्से में कॉल काट देता है।

राज हर गली हर जगह पागलों की तरह मीरा को ढूंढ रहा था आखिर मीरा नही मिली ढूंढते ढूंढते कई रातें कई दिन निकल गए।

****

एक दिन राज के नंबर पे अनजान नंबर से कॉल आता है और वो जैसे ही उठा कर हेलो कहता है उधर से मीरा भी हेलो बोलती है मीरा को बताने का जरूरत भी नहीं पड़ा की वो कौन बोल रही है क्योंकि राज ने

उसके आवाज से ही पहचान लिया था वो बिना मीरा का कुछ सुने बगैर ही कहने लगा तुम पागल हो कहां हो मैंने इतना ढूंढा तुम नहीं मिली आखिर हो कहा किस हाल में हो यार कोई खबर तक नहीं मैं तुम्हारा बेस्ट फ्रेंड हूं एक गलतफहमी की वजह से तुम मुझसे भी खुद को दूर कर रही हूं क्यों कर रही हो वो एक सांस में ना जाने कितना कुछ कह गया। फिर उधर से मीरा की सिसकने की आवाज आती है और राज घबरा जाता है और पूछने लगता है कहा हो मीरा किस हाल में हो बताओ मैं तुम्हे अभी आ रहा हूं लेने लेकिन मीरा फौरन माना कर देती है बोलती है प्लीज मैं तुम्हारे आगे हाथ जोड़ती हूं तुम मुझसे कभी नही मिलना बस मैंने बताने के लिए कॉल किया है परसो आखिरी दफा मैं आरव से मिली थी उसका गुस्सा अभी तक शांत नहीं हुआ और मेरा भी अब हिम्मत नही की उससे माफी मांगू बिना किसी गलती के उसने डाइवोर्स पेपर दिया और मैंने सिग्नेचर कर दिया हमारे बीच अब कुछ नही बचा।वो रोते रोते कहने लगती है कितना अजीब है ना राज मर्द गलती करे तो औरत को हंसकर टालना पड़ता है मगर औरत गलती ना भी करे तो मर्द की गलतफहमी को दूर करने के लिए उसे कितना गिरना पड़ता है फिर भी माफी नहीं मिलती।

ये कहते हुए वो अचानक से गुड बाय बोलते ही फोन काट देती है।
****

कुछ महीने गुजर चुके थे मीरा का हाल दिन प्रतिदिन और खराब होते जा रहा था। वो मुश्किल से एक छोटे से हॉस्टल में रह रही थी और जॉब करके वो अपना जिंदगी गुजार रही थी। आरव से बिछड़ने के बाद वो गुमसुम सी रहती थी अकेली दिन भर या तो ऑफिस में बैठी काम करती है अपने रूम में आकर एक कोने में बैठी रोते रहती। उसके हॉस्टल में उसकी एक रूममेट थी जिसका नाम था जुली उसके हसबैंड ने दूसरी शादी करली और उसे घर से निकाल दिया तब से बेचारी इसी हॉस्टल में रहती थी। उसे मीरा को इस हाल में देख बहुत तकलीफ होता था।

जुली इकलौती उस हॉस्टल में थी जिससे मीरा अपने दिल की सारी बातें बताया करती थी। उस रोज मीरा को तेज़ बुखार था वो जल रही थी और दूसरे दिन उसे ऑफिस भी जाना था जुली उसका देख भाल करने के लिए

उसके पास ही बैठी थी रात भर तब मीरा ने उसे अपनी कहानी सुनाई उस रात का सारा किस्सा बताया कि कैसे एक शाम उसकी जिंदगी की आने वाली खुशियां ले गई। मीरा ने रोते हुए कहा तुम्हे पता है मैं तो आरव को एक सरप्राइज़ देने वाली थी मुझे पता होता तो मैं फोन पे ही बता देती की तुम पापा बनने वाले हो लेकिन मैंने उसके लिए इतना कुछ किया और उसके गलतफहमी ने मेरा सब कुछ बर्बाद कर दिया तुम जानती हो मैं बहुत बदकिस्मत लड़की हूं आरव से ठुकराए जाने के बाद मैं घर भी नही जा सकती थी क्योंकि उस तक पहुंचने के लिए मैंने वापसी के सारे दरवाजे बंद कर दिए थे। आज जब अपने हालत पे गौर करती हूं तो रोती हूं की कैसे मैंने अपनी जिंदगी बर्बाद कर दी अभी तो बस मेरा 2महीना ही हुआ है और देखो ना कितनी मुश्किल हो रही है तुम ना होती अगर जुली तो समझ नही आता मैं कैसे करती सब।

जानती हो राज के बाद मैंने दोस्त में बस तुम्हे अपना माना है मैंने तो अपने जान से भी अज़ीज़ दोस्त को खो दिया अपनी मोहब्बत नहीं किसी की झूठी मोहब्बत में,वो तड़प कर कहने लगी सच्ची मोहब्बत होती तो बताओ वो मुझे कभी इस हाल में छोड़कर जाता वो जानता था मेरा उसके अलावा इस दुनिया में कोई नही लेकिन फिर भी मुझे छोड़ गया इस खौफनाक दुनिया में औरत के लिए या तो भाई या बाप या हमसफर ही तो है एक जो उसे सुरक्षित रखता है मुझे कौन बचाएगा इस जालिम जमाने से जानती हो जब भी कोई मुझे गलत नजरों से देखता है मैं सहम जाती हूं और मुझे एहसास होता है की मैंने गलती की है। जुली बस मीरा को ही देखते जाती है क्या कोई ऐसा हो जाता है प्यार में इतनी खूबसूरत लड़की आज एक गलतफहमी की वजह से इस हाल में है मेरे पति ने मुझे इसलिए छोड़ दिया क्योंकि मैं खूबसूरत नही थी।

तब तक मैं बस यही सोचा करती थी काश मैं खूबसूरत होती तो मेरे साथ आज इतना कुछ नही होता मैं अपने घर में आराम कर रही होती हुकुम कर रही होती नौकरों पे सबके दिल पे राज करती लेकिन आज तुम्हारी कहानी सुनकर मुझे एहसास हुआ खूबसूरत होना जरूरी नहीं किस्मत अच्छा होना चाहिए और देखो हम दोनो की ही किस्मत खराब है।

मीरा उसके गोद में सर रख सो चुकी होती है और जुली उसके बालों पे हाथ डाल बस उसी के बारे में सोच रही होती है। सुबह जब मीरा का आंख खुलता है वो देखती है जुली भी उसके हाथ पे सो चुकी थी वो जुली को बेड पे सुला ऑफिस के लिए चली जाती है और जब ऑफिस से आती है तो देखती है घर में 2,,3 खिलौने रखे है और पूरा रूम साफ था हॉस्टल का वो छोटा सा रूम बहुत तंग रहता था जहां हर जगह सामान फैला रहता था लेकिन आज सब अपनी जगह और साफ था। वही साइड टेबल पे एक पिज्जा का डब्बा साथ में एक 100ml वाला कोल्डड्रिंक रखा हुआ था मीरा देखकर ये चौंक जाती है तभी पीछे से जुली आती है और कहती है बताओ कैसा लगा मेरा सप्राइज वो डर जाती है बोलती है प्लीज मुझे कभी सरप्राइज़ मत देना मुझे डर लगता है मीरा के आंखों में आंसू देख और उसे उस हाल में देख जुली भी रो देती है और मन ही मन कहती है कभी कोई इस हाल में ना आए।

मीरा जब चुप होती है तो वो जुली के पास जाकर शुक्रिया अदा करती है और कहती है तुमने क्यों किया मेरे लिए इतना तुम्हारे पास तो इतने पैसे भी नही होते फिर भी इतना कुछ मेरे लिए जुली बोलने लगती है तुम जिस हालत में हो उसमे तुम्हारा मन करता होगा न इसलिए मैंने मंगवा दिया तुम्हारे लिए। अब जल्दी से खा लो और देखो मैं तुम्हारे होने वाले बच्चों के लिए खिलौना लाई हूं मैंने तो तुम्हारे बच्चों के नाम तक सोच लिया है अच्छा छोरो। तुम अभी आराम करो मुझे सवेरे ऑफिस जाना है मैं चली सोने ये कहते ही जुली सोने चली जाती है।

और उसे सोता देख मीरा एक खिलौना उठा कोने में जा बैठती है और धीमे से मुस्कुराती है कुछ तो अच्छा किया होगा मैंने जो मुझे सहारे के लिए तुम जैसी दोस्त मिली वो खिलौना देख बहुत खुश होती है और रोने लगती है क्योंकि ये खिलौना अगर आरव आज लेकर आता तो दिल कितना खुश होता मैं कितनी फरमाइश करती इस हालात में मुझे क्या खाना है क्या चाहिए लेकिन इतनी बदकिस्मत हूं की औरत का जो सबसे खूबसूरत पल है वो जी रही हूं बिना किसी हमसफर के वो वही कोने में बैठे बैठे रोते रोते कब सो गई पता ही नही चला।

****

पता है जुली बस अब कुछ महीने बचे है मेरी डिलेवरी को और मुझे घबराहट हो रहा अगर मुझे कुछ भी हो गया तो मेरे बच्चे का क्या होगा मैं रात दिन बस अभी इसी का लेकर सोचती रहती हूं। तो तुमने आरव को क्यों नही बताया क्या सरप्राइज़ था। उसने जैसे ये सवाल किया मीरा के जेहन में उस रात की तस्वीर आंखों के सामने याद आने लगी वो हंस कर कहने लगी उसने मुझे कहा था जो लड़की अपने बाप की नही हुई वो मेरी क्या होगी बताओ जिसके लिए इतना कुछ करा मैंने उसने मुझे इतनी बड़ी बात कह दी फिर भी जानती हो मैं इतना सुनकर भी ये रिश्ता बचाना चाहती थी की हमारा घर बर्बाद ना हो,,,

जिस वक्त उसने ये कहा मुझे लगा किसी ने मेरे गाल पे एक जोरदार थप्पड़ मारा हो फिर भी मैंने सह लिए की सामने वाला इंसान वो है जिससे मैं बेपनाह मोहब्बत करती हूं कितना अजीब है हर बार औरत को ही झुकना पड़ता है मैं भी झुक रही थी लेकिन क्या करू औरत थी मेरे इख्तियार में कहां था की मैं ढीट बन कर कहूं मैंने नही किया बिना गलती के मैं माफी मांगते चली गई लेकिन मुझे माफी नहीं मिली।

औरत से ही घर बनता है औरत बहुत मुश्किल से घर को बनाती है संवारती है हर रिश्ते को खुद से ऊपर रखती है लेकिन जब मर्द शक करने लग जाए तो सब कुछ एक पल में खतम हो जाता है। तुम्हे पता है मेरा हाल उसने उस धोबी के कुत्ते जैसा कर दिया जो ना तो घर का रहा और ना ही घाट का उसके लिए ही तो सबको छोरा था अब किस मूंह से मैं अपने घर जाती।

वो तो शान से अपने घर में आराम कर रहा हर ऐशो आराम उसे मिल रहा क्योंकि उसे कोई घर से नहीं निकाल सकता क्योंकि मर्द जात जो है। हम औरतों को ही अपना घर बार छोड़ना पड़ता है हमारा कोई घर नही होता इसलिए देखो मैं निकाल दी गई और आज अपनी जिंदगी कितनी मुश्किल हालतों से गुजार रही।तुम ना होती तो हिम्मत नही होती मेरे अंदर लेकिन तुम मेरा हौसला बन चुकी हो तुम्हारा जितना शुक्रिया अदा करू कम है वो बोलते बोलते रोने लग पड़ी थी बिल्कुल किसी मासूम बच्ची की तरह ये देख जुली भी रो पड़ी और कहने लगी तुम कितनी

सब्र दिल लड़की हो और कितनी सच्ची मोहब्बत करती हो नही तो इस दुनिया में ऐसी भी औरत है जो शादीशुदा होने के बावजूद कई मर्दों से ताल्लुक रखती है और पति को भी मुट्ठी में रखती है पता नहीं कैसी दुनिया है सच का मजाक बनता है और झूठ पे वह वही मिलती है।
****

उठ जाओ जुली आज ऑफिस नही जाना क्या लेट हो रहा ये कहते ही मीरा बैग उठाती है और कहती है मैं जा रही तुम भी उठो शबास और रेडी होकर जाओ।

ये कहते ही मीरा ऑफिस के लिए निकल जाती है।

उठ कर जुली भी तैयार होकर ऑफिस के लिए निकल जाती है। सड़क पे चलते चलते जुली के आंखों तल अंधेरा छा जाता है और वो रोड क्रॉस करते ही एक कार से टकरा जाती है और उसे बहुत चोट आ जाती है कार ड्राइवर जल्दी से उस लड़की को बिठा हॉस्पिटल ले जाता और उसकी मरहम पट्टी करवाता है।

लेकिन जुली को होश नही आता फिर जुली के फोन से वो हॉस्टल के वर्डन को फोन करता है और उन्हें बुला लेता है ड्राइवर परेशान हो इधर से उधर घूमता है परेशान होकर की मैंने क्या कर दिया।

मीरा जब ऑफिस से आती है तो बहुत देर तक जुली का इंतजार करती है लेकिन जुली नही आती घर। वो परेशान होकर इधर से उधर भटकती है लेकिन उसे उसका कोई पता नहीं चलता वो अचानक से वार्डन आती और उसे बताती है की वो हॉस्पिटल में एडमिट है मीरा एक दम परेशान हो जाती है वो जल्दी से हॉस्पिटल जाती है और किसी से पूछकर वो उसके कमरे तक जाती है तब तक जुली को होश आ चुका था वो घबरा रही थी मैं कहां आ गई फिर एक नए खर्चे में पर गई उतने में सामने से आती मीरा को देख उसके दिल में दिल आता है मीरा भी देखकर अचानक पूछने लग जाती है कैसे हुआ ये सब तब तक डॉक्टर आ जाते और मीरा से पूछते है कौन है आपकी तब मीरा कहने लगती है बहन है मेरी बताए क्या हुआ इन्हे फिर

डॉक्टर बोलते है ज्यादा घबराने की बात नही है बस हल्का चोट है लेकिन दो दिन हॉस्पिटल में ही रहना होगा ये कहते हुए डॉक्टर चले गए।इसके

बाद मीरा का ढेर सारा सवाल शुरू हो गया ये सब सुनते हुए एक आवाज आती है एक्सक्यूज मी मैम अगर आपका सवाल बंद हो तो मुझे कुछ कहना है ये सुनते हुए गुस्सा में जैसे ही मीरा मुड़कर देखती है तो सामने राज खड़ा होता है वो दोनो एक दूसरे को देखकर चौंक जाते है और खामोश हो जाते है तब जुली कहने लगती है ये वही है मीरा जो मुझे लेकर आए है यहां।

जुली जैसे ही चुप होती है की अचानक से आवाज आता है ये क्या हाल बना रखा है मीरा? एक सवाल ये सुनकर जुली पूछने लगती है क्या आप जानते है मीरा को वो मुस्कुरा कर कहता है हां मेरी बचपन की दोस्त है।ये सुनते ही जुली कहती है राज आप ही है वो मुस्कुरा कर कहता हां मैं ही हूं तुम कौन हो मीरा की और ये इस हाल में कैसे?

बहुत लंबी कहानी है राज सुना दूंगी आराम से पहले जुली ठीक हो जाए। ये कहते हुए मीरा बात काट देती है।

मगर राज मीरा का हाथ पकड़ बाहर ले आता है खीच कर और कहने लगता है क्या तुम पागल हो गई हो इस हाल में क्या कर रही हो क्या तुमने शादी कर लिया ये बच्चा किसका है और वो लड़की कौन है मीरा बताओ,,,,,

मीरा रोने लग जाती है इतने लंबे समय बाद वो मिली थी राज से राज वो इंसान था जो उसके साथ बचपन से था एक वही तो रिश्ता था जो उसे हिम्मत देता था और उसने जिससे मोहब्बत किया उसने ही उससे उसके सबसे अजीज दोस्त को छीन लिया।

चुप हो जाओ मीरा और आराम से बताओ क्या हुआ तुमने तो मुड़कर भी नही देखा मुझे छोड़ो शिकायतें पहले ये बताओ ये बच्चा किसका है आखिर उसके पूछने पे मीरा जो इतने दिन से न जाने कितना राज कितनी बातें दिल में छुपाए हुई थी वो बोलने लग जाती है ये मेरा और आरव का बच्चा है राज पता है जो उस रात सरप्राइज़ था मैं यही बताना चाह रही थी

लेकिन मुझे कहां पता था की मेरा एक सरप्राइज़ मूझ पे ही भाड़ी पर जायेगा उसने तो तैश में आकर सारा रिश्ता नाता तोड़ दिया और चला गया मुझे छोड़कर और मैं बस रह गई तन्हा मुझे सब ने समझाया था

मत जाओ मां बाप के खिलाफ लेकिन मैं उस इंसान के लिए गई और देखो आज मैं किस जगह खड़ी हूं ना खाने के लिए खाना सही ना रहने के लिए घर न इलाज कराने के लिए पैसे ऑफिस से सैलरी इतना लेट मिलता है की कितने रात मुझे भूखा सोना पड़ता है इस हाल में जहां लोग इतना ध्यान रखते है खाने पीने का कितना बदकिस्मत है मेरा बच्चा जो दुनिया में आया भी नही और अभी से इतनी तकलीफ है। मैं रात को डर जाती हूं की मुझे कुछ हो गया तो बताओ राज मेरे बच्चे का क्या होगा।जानते हो मैंने सोचा था एक रोज मैं तुम्हारे घर आऊं लेकिन कैसे आती मेरी वजह से तुम्हे भी कितना कुछ सुनना पड़ा आरव से और अगर मैं आती तो वो समझता सही में मैं गलत हूं और वो सही उसका गलतफहमी सच में बदल जाता।

ये कहते कहते मीरा रोने लगती है और उसे चुप कराते हुए राज कहता है चलो आज से मेरे घर रहोगी तुम बस मैंने कह दिया तुम पागल हो मीरा उस इंसान का सोच रही जिसे फर्क नहीं पड़ता तुम जिंदा हो या मर गई। मुझे उससे कोई मतलब नहीं है बस जो मेरे दामन पे दाग लगाया है उसे छुराना चाहती हो ना की गहरा करना। तुम कितनी समझदारो वाला बात करती हों मुझे लगता ही नहीं मैंने जिस झल्ली पागल सी लड़की से दोस्ती किया था वो तुम हो मीरा। अपना हाल देखो गौर करो तुम कही से वो मीरा सिंह नही लग रही जिसके पीछे लड़के पागल थे इतनी तेज़ थी की सारे टीचर्स तुम्हारी ही मिसाल दिया करते थे सबकी चहीती थी। कहां है वो मीरा सिंह जो दुनिया को अलग नजर से देखती थी कहां गई तुम मीरा। एक सदमे में इतना डूब चुकी हो की कोई देखे तो पहचान ना सके तुम्हे।

उतने में आवाज आती है मीरा सुनो मीरा जल्दी से बोलती है मैं जा रही राज जुली बुला रही है ये कहते हुए मीरा चली जाती है।

मीरा के बॉस बहुत कड़े मिजाज के थे वो एक दिन छुट्टी करने पे दो दिन का सैलरी काट लेते थे।

लेकिन वो जुली को छोर कर भी नही जा सकती थी

उसने मीरा के लिए बहुत कुछ किया था उसका अहसान भी तो चुकाना था वैसे भी मीरा के अलावा जुली का कोई नही था और जुली एक बहुत

अच्छी प्यारी और सबकी मदद करने वाली लड़की थी और जब आज वो इस हालात में है तो मीरा का फर्ज बनता है उसका ध्यान रखने का इसलिए वो ऑफिस नही जाती। मीरा फल काट के दे रही थी की उतने में ही राज चला आया और राज को देखते हो मीरा कहने लगी अब मत आना राज अगर आरव को पता लगा तो वो और गलत सोचेगा तुम पागल हो चुकी हो सुनो वैसे भी मैं यहां जुली से मिलने आया हु तुमसे नहीं जुली भी उसके हां में हां मिलती है और दोनो हसने लगे जाते है की उतने में अचानक से मीरा के फोन पे उसके बॉस का कॉल आ जाता है और वो उसका पूछने लग जाते है आप क्यों नही आई मीरा के बताने के बाद वजह वो गुस्सा में कहने लगते है आज के बाद आपको ऑफिस आने की जरूरत नहीं है ये कहकर वो फोन काट देते है और बेचारी मीरा मायूस होकर सोचने लग जाती है एक ही तो सहारा था पैसे का और अब वो भी नही रहा।

हॉस्पिटल से आज जुली को डिस्चार्ज मिलने वाला तो मीरा जैसे ही बिल पे करने जाती है तो उसे पता चलता है बिल पे राज कर चुका था वो अंदर ही आते उसको पैसा देने लगती है लेकिन राज नही लेता बहुत जबरदस्ती करती है फिर भी नही लेता फिर उन दोनो को राज हॉस्टल छोर देता है और जुली को अपना नंबर देते हुए जाता है जब भी जरूरत हो कॉल करना।

इन दो दिनों में जुली और राज की अच्छी खासी दोस्ती हो चुकी थी।
*****

राज और जुली दोनो फोन से बात किया करते थे और आए दिन राज हॉस्टल आ जाता था जुली के बहाने से और जुली भी उसे मना नहीं करती।

मीरा बाहर गई हुई थी नए जॉब की तलाश में तभी राज हॉस्टल आता है और मीरा का पूछने लग जाता है तब जुली उसे बताती है की वो इंटरव्यू के लिए कही गई हुई है। ये सुनते ही राज जुली से थोड़ी बहुत बात कर चला जाता है वापस अपने घर।
*****

मीरा की तबियत इन दिनों बहुत खराब थी बहुत ज्यादा उल्टी और तबियत अचानक बिगड़ने लगी तभी जुली राज को कॉल करती है और वो मीरा को लेकर हॉस्पिटल चली जाती है। डॉक्टर्स मीरा को तुरंत एडमिट कर लेते है तब तक राज भी हॉस्पिटल पहुंच जाता है सारा पेपर सिग्नेचर करने के बाद मीरा को डॉक्टर्स ऑपरेशन थिएटर में ले जाते है।

राज ओर जुली ऑपरेशन थिएटर के बाहर घूम रहे और ढेरो दुआएं कर रहे थे की उतने में ही नर्स और डॉक्टर्स बाहर आते है और राज को मीरा का हसबैंड समझ मुबारकबाद देते है मुबारक हो बेटी हुए ये सुनकर राज और जुली बेहद खुश होते है राज जुली को कांग्रेट्स कहता है लो तुम मासी बन गईं।

खुशी में राज पूरे हॉस्पिटल में मिठाई बटवाता है।

मीरा को होश आता है तो वो जुली का हाथ पकड़ रोने लगती है उसे सारी बातें याद आने लगती है कैसे आरव और उसने सोचा था बच्चा होगा तो ये करेंगे वो करेंगे बस सब एक ख्वाब ही बन रहा गया।

फिर मीरा अपनी बेटी को देखती है तो जैसे उसे जिंदगी जीने की वजह मिल गई हो वो इन नौ महीनों में पहली बार इतनी खुश हुए थी अपनी बेटी को देख कर।

मीरा को डिस्चार्ज मिलते ही मीरा और जुली और उनकी नन्ही सी परी घर आ गए।

*****

हेलो राज मैं जुली बोल रही आज प्यारी से गुड़िया का नामकरण है तुम आ जाना शाम में याद से मीरा खुश हो जायेगी। आज मीरा की बेटी का नामकरण था जब से मीरा की जिंदगी में वो आई है मीरा बहुत खुश रहती थी। तीनों मिलकर आज नाम रखने वाले थे राज ने कहा इसका नाम इरा रखो मीरा की बेटी इरा कैसा है जुली बस करो राज कुछ अच्छा नाम बताओ जुली कहने लगी अरे रुको मैं बताती हूं मीरा की जिंदगी में जब से ये आई है मीरा बहुत खुश है इसलिए इसका नाम होगा खुशी मीरा सुनकर खुश हो जाती है उसे नाम बहुत पसंद आता है राज मुस्कुरा कर कहता अब जब दो औरत को पसंद आ गया है नाम तो बेचारा मैं क्या बोलूं वैसे नाम अच्छा है। तो आज से इसका नाम खुशी।

नाम रखने के बाद मीरा कहने लगी आओ राज मुझे तुमसे कुछ बात करना है और जुली को कहती है तुम खुशी का ध्यान रखना मैं आती हो वो ये कहते ही राज और वो बालकनी में आ जाते है,,,

मैं तुम्हारी सबसे खास दोस्त हूं ना राज अरे पागल ये भी बोलने वाली बात है तो तुम मेरा एक बात मानोगे राज मुस्कुरा कर कहने लगता अरे तुम हुकुम करो तुम्हारे लिए जान भी हाजिर है।तुम जुली से शादी कर लो मैं चाहती हूं जिस तरह मुझे खुशी मिल गई जीने की वजह दुनिया में एक सहारा उसे भी मिल जाए मैंने उसकी आंखों में तुम्हारे लिए प्यार देखा है वो जिस तरह तुम्हे देखती है बातें करती है तुम्हारे लिए वो बहुत अच्छी है मैं उसे पिछले 10महीनों से जानती हूं मेरी एक बात मान लो मैं उसे भी मेरी तरह खुश देखना चाहती हूं,,,,,,,,वो कहते चली जा रही थी राज बस उसका चेहरा तक रहा था और मन ही मन सोच रहा था कितनी अच्छी हो तुम मीरा सबका कितना सोचती हो इतनी तकलीफ उठाने के बाद भी साबित कदम हो

तुम चाहती तो मुझसे शादी कर सकती थी हर तरह का ऐशों आराम उठा सकती हो और मैं तुम्हे प्यार भी बेहद करता हूं तुरंत मान जाता लेकिन तुम अभी भी किसी और का सोच रही हो,,कहां खो गए राज बोलो

तुमने इतना कुछ सोच लिया है तो पहले जुली से पूछ लो फिर मैं भी जवाब दे दूंगा वैसे भी तुम्हारी खुशी में मेरी खुशी है लेकिन मेरी एक शर्त है क्या शर्त है बताओ वक्त आने पे बता दूंगा पहले तुम जुली से बात कर लो मीरा मान जाती है ये कहते हुए राज अपने घर चला जाता है।
*****

कल रात से ही मेरे दिमाग में एक बात चल रही है जुली। क्या मीरा मुझे बताओ,,,, तुम्हे याद है हॉस्पिटल में मैंने डॉक्टर के पूछने पे तुम्हे अपनी बहन बताया था मैंने सिर्फ बोला नहीं माना है तो तुम्हारी बहन होने के नाते मेरे भी कुछ फर्ज है मैं चाहती हूं तुम खुश रहो तुम्हे जिंदगी की हर खुशी मिले और एक सच्चा हमसफर बस एक सवाल पूछना है मुझे के तुम राज को पसंद करती हो?

जुली ये सुनकर खामोश हो जाती है क्या हुआ जुली कुछ बोलो पसंद मैं करती हूं लेकिन उनके आंखों में आपके लिए प्यार इज्जत फिक्र सब

नजर आता है मुझे लगता है वो आपसे मोहब्बत करते है ये सुनकर मीरा जुली का चेहरा देखने लगती है और कहती है ऐसा बात नही है वो मेरा बचपन का दोस्त है इसी वजह से मेरी फिक्र करता है और वो जानता है उस एक हादसे के बाद ऐसा कुछ पॉसिबल ही नही जो मेरे बारे में वो सोचे अच्छा तो आप एक बार राज से पूछ लेना मैं पूछ चुकी हूं राज से उसने हां कहां है ये सुनकर जुली शर्मा जाती है और हां कहते हुए बाहर बालकनी के ओर चली जाती है मीरा हां सुनकर बहुत खुश होती है अब वक्त था वो शर्त जानने का.....

मीरा राज को फोन कर कहती है राज आज मुझसे मिलो तुम कही बाहर राज भी जगह बता देता है मीरा भी राज से मिलने के लिए निकल जाती है।

******

मीरा और राज रेस्ट्रो आ चुके थे मीरा राज को जुली का जवाब बताती है और साथ ही साथ शर्त पूछती है।

तो सुनो मीरा मेरा शर्त ये है कि मेरी एक जमीन है जो मैं खुशी के नाम करना चाहता हूं उसका फ्यूचर सिक्योर करने के लिए अगर तुम्हे इस बात से कोई एतराज़ नहीं है तो मैं शादी के लिए तैयार हूं वैसे भी मेरी ओर जुली की काफी अच्छी दोस्ती हो गई है तुम्हारी वजह से और मुझे लगता है वो एक अच्छी जीवनसाथी बन सकती है मेरी बस तुम ये एक शर्त मान लो तो दो लोगों की खुशी का फैसला तुम्हारे हाथ है सोच कर जवाब देना।लेकिन राज मैं तुमसे कैसे ले सकती हूं तभी राज कहता है मैं तुम्हे नही दे रहा वो मेरी बेटी की तरह है और मैं अपनी बेटी को दे रहा और मैं चाहता हूं तुम्हे इससे कोई एतराज़ ना हो मीरा थी बहुत खुद्दार लड़की वो नही मानती है लेकिन फिर एक पल के लिए जुली का चेहरा उसकी बातें उसे याद आ जाती है और वो मान जाती है।

****

आज जुली और राज की शादी थी मीरा बहुत ही खुश थी उसके जिंदगी में खुशी ने सिर्फ खुशियां भर दी हो मानो। राज जुली को विदा करके अपने घर ले गया। मीरा भी राज के दिए घर में आ गई थी जो राज ने खुशी के नाम की थी माहौल बहुत खुश गवार था हर तरफ बस खुशियां ही खुशियां

मीरा खुशी को एक मिनट के लिए भी अकेले नहीं छोड़ती थी।जुली भी राज के ऑफिस जाने के बाद यही आ जाती थी राज और मीरा का घर कुछ ही दूरी पे था राज भी ऑफिस से सीधा मीरा के ही घर आ जाया करता था। एक नन्ही से बच्ची खुशी में तीन लोगों की जान बस्ती थी सब कुछ बहुत अच्छा हो रहा था खुशी भी अब 3महीने के हो चुकी थी।
****

मीरा और जुली बैठे बात कर रहे थे मेरा मन नहीं लगता जुली अब खुशी भी बड़ी हो रही उसके खर्च भी बहुत होते है मैं सोच रही कोई जॉब पकड़ लूं लेकिन खुशी का ध्यान कौन रखेगा ये सुनते ही जुली गुस्सा हो जाती है और बोलने लगती है उसकी मासी अभी है वो मेरे पास रहेगी वैसे भी तुम ऑफिस जाने लग जाओगी तो मैं अकेली हो जाउंगी फिर मैं और खुशी ढेरों मस्ती करूंगी तुम खोजो नया जॉब और खुशी की चिंता मत करो। जुली मीरा को बहुत मानती थी और मीरा भी जुली को बहनों जैसा मानती थी।

****

मीरा ने नई जॉब की तलाश जारी कर दी थी वो आज किसी मल्टी नेशनल कंपनी में इंटरव्यू के लिए गई थी जहां वो पर्सनल असिस्टेंट के लिए हायर कर ली जाती है। ऑफिस से घर जाते हुए मीरा मिठाई लिए जाती है और सबका मुंह मीठा कर बोलती है मेरी जॉब लग गई वो भी बहुत बारे कंपनी में मैं अब आराम से जिंदगी गुजार सकती हूं वो बेहद खुश होती है खुशी से ढेरों बात करती है वो भी अपनी मां को यूं खुश देख चहकने लगती है।

****

मीरा का आज ऑफिस का पहला दिन था वो खुशी को तैयार कर जुली के पास छोर देती है और खुद ऑफिस के लिए चली जाती हैं।पहले ही दिन वो थोड़ा लेट हो जाती है ट्राफिक इश्यू बड़े शहरों में ज्यादा होता है ना इसी वजह से वो ऑफिस पहुंचते ही जैसे लिफ्ट ओपन करके दूसरी मंजिल का बटन प्रेस करती है वैसे ही उसके हाथ पे एक हाथ आता है और वो

पांचवी मंजिल का बटन प्रेस करता है,,,और दूसरी मंजिल पे लिफ्ट नही रोकता वो गुस्से में चिढ़ जाती है और बोलने लगती है पहले मैं आई थी और तुमने मुझे उतरने नही दिया तुम समझते क्या हो अपने आप को मुझे पहले ही लेट हो रहा और एक बला बन कर मेरे सर पे खड़े हो गए हो।मीरा की ये बातें सुन वो भी चिढ़ कर कहने लगता है तो लेट क्यूं आई तुम सैलरी कटेगी तब बता चलेगा ये सुनकर उसे अपने खड़ूस बॉस याद आ गए फिर क्या था वो लड़ परी तुम होते कौन हो मुझे ये बोलने वाले इतने में 5वी मंजिल आ चुकी थी वो बिना कुछ बोले अपने केबिन की तरफ चला गया और बेचारी मीरा उसे फिर से नीचे जाना पड़ा। वो जैसे ही ऑफिस में जाती है उसे काम समझा दिया जाता है और कहते है सुनो सर आने वाले है तुम मीटिंग रूम में चली जाओ।

मीटिंग रूम में सब बैठे लोग ऑफिस के चेयरमैन का इंतजार कर रहे होते है की उतने में वो वही लड़का आता है जिससे मीरा की लड़ाई हुए थी और वो देखकर चौक जाती है लेकिन कहती कुछ नही,,वो भी उसे ऐसे देखता है जैसे खा लेगा अब मीरा को,,,,

ऑफिस के चेयरमैन और आज लिफ्ट में दिखने वाले नॉर्मल लड़का समझ जिससे झगड़ा किया था उसका नाम आर्यन सिंह था।

******

जब से मीरा ऑफिस से आई थी बस उसी के बारे में सोच रही थी तभी जुली अचानक से आ जाती है और पूछने लगती है कहां गुम हो आज तुम तब वो सारा कहानी आज का बताती है। तभी जुली हंसने लगती है और कहती है बताओ दिखने में कैसा था अरे पूछो मत दिखने में लगा ही नहीं की वो उस कंपनी का मालिक हो यार कपड़ा एक दम नॉर्मल लेकिन गुस्से वाला चेहरा लग रहा था खा जायेगा ऐसे देख रहा था बंदर,,,, हां लेकिन बहुत सादगी वाला था। छोरो और बताओ मेरी बेटी कैसी है आज परेशान तो नही किया उसने तुम्हे अरे मेरी भी बेटी है परेशान करेगी तो सब मैनेज है तुम जाओ आराम करो खाना गर्म करके खा लेना मैंने बना दिया है और अब मैं घर जा रही राज आते होंगे ये कहकर जुली चली गई।फिर मीरा ने खुशी से ढेरों बात की फिर वो खाना खाकर सो गई।

*****

मीरा के ऑफिस जाते ही जुली को राज का कॉल आता है और वो जुली को मॉल चलने को कहता है।

जुली खुशी को रेडी कर ड्राइवर के साथ डायरेक्ट मॉल चली जाती है और राज भी ऑफिस से डायरेक्ट मॉल आ जाता है। दोनो मिलकर खूब शॉपिंग करते है जुली दूसरे साइड कुछ कपड़े देख रही थी तभी राज खुशी को इस साइड खिलौने दिला रहा था तभी सामने से आरव आ रहा होता है और राज के गोद में खुशी को देख कर चौंक जाता है और समझ जाता है की ये राज और मीरा की बेटी होगी क्योंकि जुली उसके पीछे खड़ी थी वो उसे नही देख पाया था। तभी वो बोलते रुका नही और कह बैठा क्या हुआ तुम्हारी बीवी तुम्हे भी छोर गई क्या ये सुनते ही जुली आ जाती है और बोलने लगती है तुम हो कौन पागल हो क्या मैं यही हूं फिर तुम ऐसे क्यों बोल रहे ये सुनकर आरव और चौंक जाता है तभी जुली राज से पूछती है कौन है ये तभी राज जवाब देता है ये आरव है मीरा का हसबैंड और खुशी का पापा ये सुनकर आरव बोलने लगता है पापा पागल हो क्या तब राज खुशी को जुली के गोद में देकर आरव का हाथ कीछते हुए कैफे की तरफ ले जाता है और उसे सारी बातें बताता है वो सुनकर रोने लग जाता है ये मैने क्या कर दिया राज गुस्से में कहता है अब तुम खुशी और मीरा की जिंदगी में आए तो मुझसे बुरा कोई नही होगा ये सुनकर आरव को गुस्सा आ जाता है और कहने लगता है मेरी बेटी है मेरा खून है मैं आऊंगा पीछे ये सुनकर राज हंसने लगता है और कहता है कौन बेटी जिसे तुम छोर आए थे मीरा के खोख में ही बिना जाने की क्या सरप्राइज़ था।एक सती सावित्री लड़की पे लांछन लगा दिया की बदकीरदार है उस वक्त ख्याल नही आया था की एक लड़की कहां जायेगी जिसका तुम्हारे बिना कोई नही एक ही दोस्त था मैं,, तुमने मुझे भी दूर कर दिया बेचारी ९महीने बाद मुझसे इस हालात में मिली की मैं कांप गया उसकी हालात देख कर

ना चाहते हुए भी मैं इस चीज का जिम्मेदार था अगर मैं नही जाता उस दिन तो एक खूबसूरत शाम गमगीन नही होती और आज वो दर बा दर ठोकरें ना खाती।

खैर इन सब बातों में अब कुछ नही रखा और एक बात सुन लो आरव

अब मैं तुम्हे मीरा की खुशियां नही छीन ने दूंगा खुशी उसकी पूरी दुनिया है और मैं उससे किसी को दूर नहीं करने दूंगा और आंख खोल कर देख लो तुमने क्या खो दिया एक झूठा इल्जाम या गलतफहमी में और जिसे अभी तुम जिससे मिले हो वो मेरी बीवी है जुली मीरा की दोस्त अब हमारे जिंदगी में मत आना ये कह कर राज चला गया आरव बस उसे जाता ही देख रहा था और सोच रहा था सही कह रहा है मेरी गलतफहमी की वजह से मैंने इतनी प्यार करने वाली लड़की को खो दिया मैं शायद कभी मीरा की आंखों में वो प्यार देख ही नहीं पाया आरव एक हारा जुवाड़ी की तरह मॉल से घर लौट आता है। धीरे धीरे कार के तरफ कदम बढ़ा वो ड्राइव करके घर पहुंच जाता है और बेसुध सोफ़ा पे लेट जाता है।
और बहुत सारे ख्यालों में डूब जाता है।

मैं जब से वहां से आया था बस यही सोचे जा रहा था क्या मैंने जाकर वहां सही किया शायद हां भी और शायद ना भी कुछ चीजों के पीछे की सच्चाई हमे ना पता चले तब ही अच्छा होता है लेकिन सच्चाई जानना सबका हक है और जितनी जल्दी उस सच्चाई को मान लिया जाए उतनी ही तकलीफ कम होती है।
लेकिन उस तकलीफ का क्या जो मैंने मीरा को दिया है उसपे भरोसा ना कर के
उन सभी तकलीफों का क्या जो वो रोज़ सह रही है सिर्फ मेरी वजह से ना जाने किस हाल में रही होगी मैं तो देखने भी नही गया कैसा मर्द हू मैं जो एक ऐसी औरत पे शक कर बैठा जिसने मेरे सिवा किसी को नजर उठा कर नही देखा। शायद ऐसी गलतियों की माफी नहीं होती इसलिए राज ने मुझे आज इतना सुनाया। लेकिन अब मैं गलती और नही करना चाहता मैं अपनी बीवी और बेटी को घर लाना चाहता हूं इसके लिए मुझे जो भी करना पड़े आरव ये मन में ठान चुका था वो मीरा और खुशी को घर ले आयेगा लेकिन उसे कहां पता अब वो लड़की आरव के सपने नही देखती वो खुश थी अपनी बेटी के साथ और वही अब उसकी पूरी दुनिया थी अब उसे किसी झूठे रिश्ते में नही बंधना था।
****
कार में बैठते ही जुली ने ढेरों सवाल करने शुरू कर दिए वो कौन था राज

पूछने पे राज ने उसे सारी बात बताई वो जुली को माना कर दिया मीरा को बताने के लिए उसने कहां आज जो भी वहां हुआ तुम उसे मत बताना मैं नही चाहता मीरा किसी भी तरह का स्ट्रेस ले वो बहुत खुश है मैं चाहता हूं बस वो खुश रहे उसने बहुत तकलीफ उठाई है इन 9महीनों में मैं अब उसे और मुसीबत में नही डालना चाहता ये कहते हुए वो मीरा के घर के आगे गाड़ी रोक जुली और खुशी को मीरा के घर छोर देता है मीरा भी ऑफिस से आ चुकी थी।

घर में आते ही मीरा खुशी को देख कर खुश हो जाती है और कहने लगती है यार मेरे ऑफिस के वजह से मैं अपनी बेटी के साथ तो वक्त गुजार ही नही पा रही जुली हंस कर कहती है अरे तो चलते है ना इस वीकेंड पे हम घूमने मीरा कहते है यार नही जा सकती मेरी छुट्टी नहीं है उस दिन इस खड़ूस का मीटिंग है मुझे रहना है उसके साथ जुली कहकहे लगा हसने लगती है अरे मैं तो पूछना भूल गई क्या हाल है तुम्हारे इस खड़ूस का इतना सुनकर मीरा बोलने लगी पूछो ही मत मुझे तो डॉट होता है की वो इंसान है बस चाहता है सब उसके इशारे पे घूमे मुझे तो तंग कर रखा है आज तीन बार ग्राउंड फ्लोर से 5th फ्लोर तक घुमाया है एक पेपर लाने के लिए जानती हो उसने ऐसा क्यों किया क्योंकि उस दिन मैंने उससे वैसे बात किया था बस इस वजह से खड़ूस छोरो उसकी बातें तुम बताओ कैसा रहा दिन कहां कहां गए तुमलोग कही नही बस मॉल गए और खुशी के लिए खिलौने लिए रेस्ट्रों गए फिर घर आ गए तुम्हारा जब छुट्टी रहेगा तब चलेंगे हम सब अच्छा ठीक है मैं चली घर ये कहते हुए जुली घर चली गई और मीरा बैठ खुशी के साथ खेलने लगी और खेलते खेलते एक खिलौने को देखकर कहने लगी जानती हो बेटू खड़ूस भी ऐसा ही डरावना दिखता मैं तुम्हे मिलवाऊंगी ये कहते हुए हसने लगती है मीरा।

*****

आज मीरा जैसे ही ऑफिस जाती है केबिन एक दम खाली रहते है वो जैसे ही बाहर आती है तभी उसे एक कॉल आता है की आज घर आना है एक मीटिंग है और सर की तबियत खराब है वो सुनकर मीरा को मूड खराब हो जाता की उस बंदर के अब घर जाना होगा वो बरबारते बरबारते कब उसके घर के पास पहुंच जाती पता ही नही चलता अचानक से एक

औरत मीरा से आकर टकरा जाती है मीरा उन्हें उठती है जल्दी से बैग से बॉटल निकाल वो पानी मुंह पे छिड़कती है और उन्हें होश में लाती है फिर उनसे वो बातें करने लगती है उन्हे एक दुकान पे बैठा वो जूस पिलाती हैं तभी उसके फोन पे बार बार कॉल आ रहा था और वो नजर अंदाज कर रही थी उस बूढ़ी औरत ने मीरा का खूब शुक्रिया अदा किया अगर मीरा ना होती तो वो वहीं उस सड़क पे पड़ी रहती तभी एक बार फिर कॉल आता है और वो बोलती हैं उठा लो बेटा कोई जरूरी काम होगा वो जैसे ही फोन उठती है उधर से आर्यन इतना तेजी और गुस्से में बोलता है की तुम्हे काम जरूरी नहीं तो छोड़ क्यों नही देती 10मिनट में यहां पहुंचो अभी मीटिंग स्टार्ट होगी ये कहते हुए फोन रख देती है तभी बगल में बैठी आंटी पूछती है बेटी क्या हुआ तब वो बताती है था एक बंदर का फोन शायद खाने को कुछ नहीं मिला इसलिए मुझपे गुस्सा दिखा छोरे आप ये रोज का है आप बोलिए कैसी है ठीक है या मैं आपको छोड़ दूं तभी वो कहती अरे बेटी इसकी जरूरत नही मेरा ड्राइवर आता होगा तुम जाओ और तुम्हारी सारी दुआएं कबूल हो तुम फरिश्ते के तरह आकार मुझे बचा लिया तुमने उनसे बात करके मीरा वहां से निकल जाती है। मीटिंग में पहुंचते ही आर्यन गुस्से में बस मीरा को ही देख रहा था और वो उसके नजरों से कतरा कर बच रही थी। मीटिंग खतम हो गई उसके बाद आर्यन के सवाल स्टार्ट हो चुके थे तभी अचानक एक आवाज आती है आर्यन बेटा और एक औरत अंदर आ जाती है और मीरा को देख कर बहुत खुश हो जाती है और आर्यन को सब बात बताती है और मीरा को जबरदस्ती खाने के लिए रोक लेती है मीर नही रुकती फिर भी उनका बात ना टाल सकी खाने के बाद उन्होंने आर्यन को कहां मीरा को घर छोर देने के लिए घर से बाहर निकलते ही आर्यन ने मीरा को थैंक्स बोला और मीरा चौक गई और मन में बोलने लगी आज क्या हुआ इस बंदर को जो मुझसे इतने अच्छे से बात कर रहा तभी आर्यन कहने लगता है तुम भी समझ रही होगी मैं सॉफ्ट कैसे बात कर रहा तो इसकी वजह ये है की आज तुमने मेरी मां का जान बचाया और दुनिया में एक ही ऐसा इंसान है जिससे में बहुत प्यार करता हूं उनके लिए जान भी दे सकता हूं समझ नही आ रहा तुम्हारा शुक्रिया कैसे अदा करू बस इतना बोलूंगा अगर कभी भी कुछ

भी जरूरत हो तो बेजिझक मुझे बताओ ये कहते ही मीरा गाड़ी रोकने के लिए कहती है उसका घर आ चुका था तभी आर्यन गाड़ी साइड करके रोक देता है और मीरा चली जाती है।

मीरा जबसे ऑफिस से आई थी बस यही सोच रही थी मैं तो इसके बारे में गलत सोच रही थी वो वैसा नही था अंदर से बच्चे के तरह वो सोचते सोचते ना जाने कब सोई उसे पता ही नही चला।

***

आर्यन जब लौटा घर सीधा अपनी मां के कमरे में गया उसने जैसे उनके बारे में पूछा उन्होंने मीरा का तारीफ करना शुरू कर दिया वो बताने लगी आर्यन को आज क्या क्या हुआ आर्यन परेशान हो गया और रोने लगा और बोलने लगा अगर आपको कुछ हो जाता तो मेरा क्या होता तब वो कहने लगी इसलिए तो कहती हूं तुम शादी कर लो बिलकुल मीरा जैसी लड़की से मुझे वो बहुत पसंद है। फिर बात करते करते उन्हें याद आया मीरा आज एक डायरी भूल गई थी उनके पास उन्होंने इस डायरी को आर्यन को दे दिया और कहा कल मीरा को दे देना और वो चली गई सोने आर्यन अपने कमरे में आ गया और सोने ही जा रहा था की अचानक से उसे डायरी का ख्याल आया और वो डायरी लेकर पूल किनारे का बैठा और वो जैसे ही डायरी खोलता है उसपे पहले पन्ने पे लिखा था मीरा आरव के बिना अधूरी है वो देख कर हंसता है और जैसे ही दूसरा पन्ना खोलता है उसपे सिर्फ प्यार मोहब्बत को बातें और जज़्बात लिखे होते है वो उन सब को पढ़ कर आखिर पेज के तरफ बढ़ता है जिसमे एक कला धागा रखा हुआ था और लिखा हुआ था मीरा की खुशी बस खुशी में है वो देख कर थोड़ा सोचता है।

फिर वो पढ़ना शुरू करता है उसमे उसके दिल का सारा हाल लिखा होता है,,,,

लिखा था तुमने कभी मेरी आंखों में देखा ही नहीं वो प्यार जो सब देखा करते थे और कोई मेरे सामने कुछ नही बोलता था तुम्हारे बारे में ,,मेरी आदत हो चुकी है डायरी लिखने की पता नही कोई पढ़ेगा कभी मेरे सिवा या नही मैं बस अपना जज़्बात पन्ने पे उतारना चाहती हूं। तुम्हे शायद नही पता लेकिन मुझे बहुत अफसोस होता है मैंने राज को छोड़कर तुम्हे

पसंद किया तुम जानते भी नहीं की राज ने मेरे लिए अपने जज़्बात को मार दिया और तुमने उसपे शक किया मैंने एक बार डायरी पढ़ा था राज का उसमे सिर्फ मेरा ही जिक्र था हर जगह लेकिन मैं सिर्फ तुमसे प्यार करती थी इसी वजह से आज तक उसने मुझे कभी ये नही बताया क्योंकि वो भी मेरी आंखों में तुम्हारे लिए वो प्यार देखता था जो तुम देख न पाए। तुम्हे पता है मैं किस तरह रही हूं तुम्हारे जाने के बाद एक एक दाने के लिए तरस गई थी बिल्कुल पेट में बच्चा ना दावा का पैसा न खाने का बस दरबदर भटक रही थी काम की तलाश में मुझे मुझे तरस आता है उन लड़की लड़कियों पे जो अपने मां बाप को छोर देते है कुछ महीनो के प्यार के लिए मैंने भी यही किया और देखो किस हाल में हू आज मैं उस धोबी के कुते जैसा हाल है मेरा जो ना घर का रहा ना घाट का तुम तो तैश में आकर छोर गए बिना मेरे बारे में सोचे ये पढ़ते पढ़ते मीरा के तरफ उसका ध्यान आकर्षित हो रहा था वो पढ़ते पढ़ते आर्यन सो चुका था लेकिन जब अगली सुबह उठा तो उसे गलत लगा की किसी का भी डायरी मैंने बिना पूछे पढ़ लिए अब मैं उसकी लिखे अल्फाज नही मैं उसकी आंखें पढ़ना चाहता हूं मुझे समझ नहीं आता मैं उससे आंखें क्यों नही मिला पता उसे देखकर मेरे अंदर एक अलग जज़्बात क्यों आते है मैं उसे क्यों जानना चाहता हूं इन सब सवालों का जवाब मेरे पास है क्यों नही आर्यन सिर्फ मीरा के बारे में सोचता है उस दिन से आजतक आज कल कुछ ज्यादा ही सोच रहा था वो ऑफिस पहुंचते ही सबसे पहले मीरा को वो डायरी देता है और मीरा झट से ले लेती है डर के की कही उसने कुछ पढ़ा तो नही।
****

आज वीकेंड था वो मीरा बहुत खुश आज मीरा राज जुली और खुशी तीनों घूमने गए थे लेकिन राज को कहां पता था वो जो बात छिपा रहा वो उसके सामने आजाएगा मीरा जैसे ही आइसक्रीम लेकर पीछे मुड़ती है वहां आरव खड़ा था वो देखकर उसे चौंक जाती है और उसके हाथ से आइसक्रीम छुट कर नीचे जमीन पर गिर जाता है उसने कभी सोचा नहीं था कि वो आरव का सामना कर पाएगी लेकिन वो आज सामने था उसे समझ नही आ रहा था वो यही खड़ी रहे या चली जाए उसके मन में बस चल रहा था की बस ये सपना हो और आंख खुल जाए ये हकीकत ना

हो।लेकिन ये सपना कहां था आरव मीरा से बात करना चाहता है लेकिन मीरा बस उसे हटा वहां से जाने लगती है की आरव उसका हाथ थाम लेता है तब पता नही अचानक से कहां से आर्यन आ जाता है वो मीरा को देखकर उसके तरफ बढ़ने लगता है तो देखता है उसका हाथ कोई कस कर पकड़ा होता है वो गुस्से में आ कर बोलने लगता है तो मीरा उसे रोक देती है तभी आरव गुस्से में कहता है मेरी बीवी है मीरा बस उसे ही देख रही थी कैसी होती है ना मर्द की मोहब्बत झूठा इल्जाम लगा कर छोर देते है और मुड़ कर नहीं देखते और जब वो अपनी जिंदगी अच्छी कर ले तो आ जाते है ज़ख्म पे नमक छिड़कने और हक जताने ये वही इंसान था जिससे मैं कभी बेपनाह मोहब्बत करती थी और आज मुझे हसीं आता है इस बचपने पे की मैंने क्या किया।वो बस अपना हाथ छुड़ा वहां से निकल जाती है बिना आर्यन को भी कुछ कहे वो घर आकर राज को कॉल करके बता देती है फिर राज उसे सब बताता है।पूरी रात वो उसे ही सोच रही थी और रोते रोते उसने सुबह कर दी वो आरव नाम का कहानी खतम करना चाहती थी क्यूंकि उसने उसे सिवाए तकलीफ के दिया ही क्या था

***

दरवाजे पे कोई आवाज देता है मीरा जैसे ही गेट खोलने जाती है गेट पे ढेर सारा फूल और एक केक कुछ कागज़ के पन्ने जिसपे बड़े बड़े अक्षरों में लिखा था हैप्पी बर्थडे मीरा ये देखकर वो हैरान होती है और बाहर की तरफ देखती है तो कोई नही होता वो केक और सब चीज लेकर अंदर आ जाती है की फिर एक बार गेट पे कोई फिर आवाज देता है और वो खोलने जाती है और देखकर यकीन नही कर पाती सामने खड़े थे उसके पापा मम्मी जुली और राज ये देख कर मीरा बहुत खुश हो जाती है तभी राज उसे केक का बताता है की किसी ने सरप्राइज़ प्लान किया था तुम्हारे लिए मीरा खुशी में इतनी पागल हो गई थी की उसने नाम भी नही पूछा की आखिर किसने किया था ये सब वो मां के गले लग कर रोने लगती है बिल्कुल किसी छोटे बच्चे की तरह जो मां को आंख ओझल होता देख सहम जाता है और उसके गले ऐसा लग जाता है की फिर कोई जुदा ना कर पाए मीरा ने भी बिल्कुल कुछ इस तरह गले लगा लिया था मीरा ने ऑफिस से कॉल कर के छुट्टी ले ली और शाम में राज ने एक पार्टी

अरेंज किया वहां उसने सबको बुलाया था उसके ऑफिस से सभी को। आर्यन भी आया था मीरा और आर्यन की काफी अच्छी दोस्ती हो गई थी इसलिए मीरा ने खासकर कॉल करके आर्यन और उसकी मां को बुलाया था माहौल बहुत हसीन था उस हसीन शाम में मीरा काली साड़ी में बिजली गिरा रही हो जैसे आर्यन उसे देख मुस्कुराने लगता है और उसे उस वक्त एहसास होता है की वो मीरा से प्यार करने लगा है।केक कट होने के बाद सब मीरा को गिफ्ट देकर घर चले जाते है मीरा बहुत खुश थी तभी अचानक आर्यन उसके करीब आकर बोलता है कैसा लगा सरप्राइज तभी मीरा बोलती है कैसा सरप्राइज़ तभी वो बताता है की उसके फैमिली वाले को मैंने मना कर लाया है तुम्हे कल रोता देख मुझे अच्छा नहीं लगा और मैंने तुम्हारी डायरी एक पन्ना पढ़ा था मुझे अच्छा नहीं लगा था की क्यों एक लड़की सारा दर्द सहे जब गलती मर्द की हो तो ये कहता हुआ आर्यन बिना मीरा का बात सुने चला जाता है वो बोलता है कल एक और सरप्राइज़ के लिए तैयार रहना आप मीरा भी मुस्कुरा देती है और उसे जाता देखती है कुछ इंसान ऐसे भी होते है जो बिना किसी रिश्ता के कितना कुछ कर जाते है। आरव बस उसे देखे जा रहा था वो ये मीरा थी ही नहीं जो पहले थी शायद उसने उसे बहुत तकलीफ दी थी जिसकी वजह से उसके ऊपर बर्फ को परत जम चुकी थी जो अभी तो पिघल नही सकती थी और वैसे भी मेरा खुशी पे हक ही क्या है जो अभी भी मैं उससे इस तरीके से बात कर रहा मुझे तो शर्म आनी चाहिए मैं कैसे सामना कर रहा एक ऐसी लड़की का जिसको मैंने सिवाए दुख के कुछ नही दिया मुझे तो रिक्वेस्ट करना चाहिए की खुशी से कम से कम मिलने दे और मैं क्या कर रहा था उसे धमकी दे रहा मर्द जात भी कितने अजीब होते है सच जानने के बाद भी औरत को ही झुकना चाहता है और औरत कितनी नर्म दिल होती है इतना कुछ सहने के बाद भी वो मुझसे बस बता रही है शिकायत कर रही मुझे जलील नही कर रही जैसे मैंने उसे कहा ये सोचते सोचते वो फिर कहने लगता है ठीक है मीरा मुझे पता है मैंने बहुत गलती की है बहुत दिल दुखाया है तुम्हारा और मुझे ये भी पता है की इस गलती की कोई माफी नहीं है लेकिन फिर भी मैं तुमसे एक चीज मांगना चाहता हूं और मैं चाहता हूं बस एक हक दे दो की मैं खुशी से जब चाहूं मिल

सकू पता है रिश्ता टूटने के बाद हसबैंड वाइफ का कोई रिश्ता नहीं होता अनजान होते है एक दूसरे के लिए लेकिन खुशी तो मेरी खून हैं। ठीक है तुम खुशी से जब मिलना चाहो आ सकते हो कल खुशी का पहला बर्थडे है तुम जरूर आना ये कहकर मीरा ऑफिस के लिए चली जाती है।
****

ऑफिस पूरी तरह से फूलों से सजा हुआ था और एक इंसान भी मौजूद नही था वहां जैसे आज संडे का दिन पूरा ऑफिस खाली और हर तरफ सिर्फ फूल ही फूल ऐसा लग रहा था की वो ऑफिस था ही नही बाग जैसा जहां हर तरफ फूल की भीनी भीनी खुशबू सामने टेबल पे रखा एक खत था वो उसे जैसे उठती है उसमे लिखा था मेरी हिम्मत नही की मैं तुम्हारे सामने आकर इजहार करू मोहब्बत का मुझे डर लगता है अगर तुमने इनकार कर दिया तो मैं कैसे रहूंगा इसलिए मैं अपने जज़्बात तुम्हे बता रहा हूं इस कागज़ के जरिए,,,,
तुम वो पहले और आखिर लड़की हो मेरी जिंदगी की जिससे मुझे मोहब्बत हुआ है तुम्हारी आंखों में इतना सवाल है की मैं शुरू से तुम्हारी आंखें पढ़ना चाहता हूं और उनमें बस खो कर रह जाता हूं तुम मुझे बच्चे जैसी मासूम और सच्ची लगती हो,,,
मैं वो पहली मुलाकात आज भी रातों को याद कर मुस्कुरा देते हो हालांकि मैंने तुमसे कभी कोई गैर जरूरी बात नही की ना ही मैं तुम्हारे आगे पीछे घूमता था लेकिन जब भी मैं तुम्हे देखता था अंदर से बस एक ही सवाल आता था क्यों तुम्हे आरव जैसे लोग ही मिलते है और तुम टूट जाती हो तुम्हारी डायरी मैंने पढ़ी थी उसमे हर एक लफ्ज़ बस आरव के लिए था पहले पन्ने पे जिक्र हर पन्ने पे फिक्र मानो तुम्हारी दुनिया बस उसी के इर्द गिर्द थी बस और मुझे ये सब पढ़कर बहुत गुस्सा आता था और मैं कही ना कही इस लड़के से जलने लगा था जिसे मैंने कभी देखा भी नहीं था।पूरी कहानी मैं नही जानता लेकिन सिर्फ इतना जानता हूं की एक गलतफहमी की वजह से सब खत्म हुआ और में बहुत खुश हूं की तुम उस रिश्ते में नही जहां एक गलतफहमी की वजह से सब खत्म हुआ हो।
लेकिन मैं तुमसे वादा करता हूं हमारे दर्मिया ऐसा कुछ नही होगा और रही बात खुशी की तो मैं कभी उसे तुमसे दूर नहीं जाने दूंगा।

पता है जिस रोज़ मेरी मां तुम्हारी इतनी तारीफ कर रही थी मैंने उसी रात उन्हें सब बता दिया था तुम्हारे बारे में और मुझे बहुत खुशी है तुम उस औरत की पसंद हो जिससे मैं दुनिया में सबसे प्यार करता है और उनके बाद मेरे लिए कोई जरूरी है तो तुम और खुशी। मैं कुछ ज्यादा ही कह गया ना आगे बढ़ो और थोड़ी देर बैठ कर एक नया आगाज करने का कोशिश करो मैं तुम्हारी जिंदगी खुशियों से बढ़ दूंगा।

अगर तुम्हारा जवाब हां हुआ तो मेरे केबिन में आकर बिना कुछ बोले बस मुझे गले से लगा लेना और सातों जन्म के लिए मुझे अपना बना लेना।

***

मीरा को सब कुछ नया सा लग रहा था उसकी जिंदगी में सिर्फ खुशी ही खुशी थी उसे सब तो मिल ही गया था मां बाप इतने अच्छे दो दोस्त और अब हमसफर के रूप में आर्यन वो इस वक्त दुनिया की सबसे खुश किस्मत लड़की समझ रही थी अपने आप को और सोच रही थी मैं गलत थी ऊपर वाला कुछ छीनता है तो पहले से ज्यादा अच्छा देता है और आखिर सब्र का फल तो सबको मीठा ही मिलता है।

वो धीरे धीरे कदम से केबिन की तरफ जाती है वहां आर्यन पीछे मूंह किए खिड़की से झांक रहा होता है की तभी मीरा जाकर उसे गले से लगा लेती है।आर्यन भी उसके तरफ मुंह कर लेता है दोनो बहुत खुश थे आर्यन और मीरा को लग रहा था बस ये वक्त यही ठहर जाए खुशी वाला माहोल फूल को भीनी भीनी खुशबू और आर्यन की धड़कनों की आवाज ये गवाही दे रहा था की वो किस हद्द तक प्यार करता है।

मीरा बहुत खुश थी उसे समझ नही आ रहा था वो आर्यन से क्या कहे आर्यन ने उसकी जिंदगी खुशियों से बढ़ दी थी उसे उम्मीद नहीं था की वो कभी अपने मां बाप से मिल पायेगी और देखो आर्यन ने मिला दिया वो बस आर्यन को ताकते जा रही थी तभी आर्यन ने खामोशी तोड़ते हुए कहा तुम्हे एक बात और बतानी है मीरा मेरी मां ने तुम्हारे घर वालों से बात कर लिया है हमारी शादी जल्द होगी किसी को कोई एतराज़ नहीं है और मैंने आरव से भी बात की तो उसने आज वाला सारा बात मुझे बताया और खुशी के बारे में भी खुशी तुम्हारी ही रहेगी और तुम मेरी बस आरव कभी कभी खुशी से आया करेगा मिलने।

जानते हो आर्यन आज मुझे ऊपर वाले पे यकीन हो गया की वो कुछ अच्छा सोचते है तभी हमें थोड़ी तकलीफ देकर जिंदगी फिर खुशियों से बढ़ देते है।

तुम मेरी जिंदगी में फरिश्ते के तरह आए थे और तुम्हे जिंदगी भर के लिए पा कर मैं दुनिया की सबसे खुश किस्मत औरत खुद को मानती हूं। ये कहते हुए आर्यन मजाक में बोलता ये कुछ ज्यादा नही हो गया अच्छा छोरो पहले चलो बहुत सारी तैयारी करना है मुझे कल के लिए।
***

मीरा के लिए ये सुबह बिल्कुल पुरानी सुबह से अलग थी वो खुद को अलग महसूस कर रही थी आज उसके पास सब कुछ था जिसके लिए कुछ महीनों वो बहुत तरसी थी जब उसके पास उसका कोई अपना नहीं था ना खाने के लिए कुछ था ना रहने के लिए घर था देखो आज सब कुछ था घर ,अपने, खाना ,और उसकी बेटी वो बहुत खुश थी और दुगनी खुशी की बात ये थी की उसकी बेटी आज पूरे 1साल की हो गई थी।
**

वो सुबह से बर्थडे की तैयारी में लगी थी सब गेस्ट आ चुके थे बर्थडे ने आरव भी आया था वो खुशी के साथ खेल रहा था तभी मीरा आर्यन को फोन कर के पूछती है कहां हो अभी तक आए नही तभी आर्यन उसे बताता है वो कुछ खरीद रहा हूं जल्दी आओ कहते हुए मीरा फोन रख देती है।

मीरा कुर्सी पे खड़ी हो लाइट्स लगा रही थी की अचानक से कुर्सी हिलने लगता है तभी वो गिरने वाली होती है की आरव उसे बचा लेता है वो आरव का हाथ उसके हाथ को कस कर पकड़ लेता है वैसे ही सामने दरवाजे से आर्यन आ रहा होता है इतिहास जैसे खुद को दोहरा रहा हो आर्यन को आता देख मीरा का खून खुश्क हो जाता है वो सहम जाती है की अचानक से वो आरव का हाथ झटक देती है और खड़ी हो जाती है तभी आर्यन दौरते हुए आता है और मीरा को गले से लगा लेता है और पूछने लगता है तुम ठीक तो हो और उसे बच्चों के तरह डाटने लगता है तुम्हारा ध्यान कहां था अभी गिर जाती तो चोट आ जाती मीरा तुम इतनी लापरवाह कैसे हो सकती हो वो ना जाने एक सांस में कितने बातें कह रहा था उसके

माथे पे सिकन देख इतना अंदाजा मैं इस वक्त लगा सकती थी की वो डर गया था की मुझे कुछ हो तो नहीं गया वो मुझे डाट रहा था और मैं बस उसे देख रही थी और सोच रही थी की मैं इतनी खुशकिस्मत हूं। मैं तो सोच रही थी पिछली बार की तरह फिर होगा एक हसीन शाम गमगीन हो जायेगी लेकिन नही सबका नजरिया एक नई होता ये बात आर्यन ने मुझे सीखाई मैं खुद को कोसती थी की उस दिन ऐसा मेरी वजह से हुआ लेकिन मैंने कभी ये नही सोचा था की कुछ लोगों को नजरिया ही अलग होता है कोई किसी चीज को कोई और नजर से देखते और कोई किसी और नजर से।

आर्यन चाहता अगर आज वो शक करता था मुझे उतना बुरा नही लगता क्यूंकि मेरा और आरव का ऐसा रिश्ता था जिसमे वो शक कर सकता था लिकन उसने नही किया वो बस मोहब्बत करता था और हम जिससे मोहब्बत करते है इसको कभी जलील नही करते और शक तो बहुत दूर की बात है।

मुझे हंसी आता है उस मर्द पे जो चार दिवारी में औरत को कैद भी कर देते है और उस औरत पे फिर शक भी करते है।

मुझे आज इस वाक्या के बाद बस इतना समझ आया जिसकी सोच जैसी होती है वो चीजों को उस नजर से देखता है सबका नजरिया अलग है जिसकी जैसी नजर वैसा उसका नजरिया।

नजरिया

कुछ गलतियों की सजा हमारे समाज में
    औरतों को मर्द के नजर के हिसाब से मिलती है।

अगर मर्द की नजर अच्छी है तो औरत सच्ची है और
    मर्द की सोच और नजर औरत को गलत परखे तो
    सारी जिंदगी औरत को गलत समझा जाता है।